张仲景

一代医圣

史双文 编写

吉林出版集团股份有限公司
全国百佳图书出版单位

图书在版编目(CIP)数据

一代医圣 张仲景 / 史双文编. -- 长春：吉林出版集团股份有限公司，2020.2（2023.5重印）
ISBN 978-7-5581-7930-3

Ⅰ.①一… Ⅱ.①史… Ⅲ.①张仲景（150-219）-传记 Ⅳ.①K826.2

中国版本图书馆CIP数据核字(2019)第272646号

一代医圣 张仲景
YI DAI YISHENG
ZHANG ZHONGJING

| 编　写 | 史双文 | 责任编辑 | 黄　群 |
| 策　划 | 曹　恒 | 封面设计 | MM末末美书 |

开　本	710mm×1000mm 1/16	出版/发行	吉林出版集团股份有限公司
字　数	75千	地　址	吉林省长春市福祉大路5788号
印　张	8	邮　编	130000
版　次	2020年2月第1版	电　话	0431-81629968
印　次	2023年5月第2次印刷	邮　箱	11915286@qq.com
印　刷	三河市金兆印刷装订有限公司	ISBN 978-7-5581-7930-3	定　价 39.80元

版权所有　翻印必究

前言

　　中医文化是中国优秀传统文化的重要组成部分，具有创新文化的潜质。中医学是中国传统科学中沿用至今的富有中国文化特色的医学，它具有完备的理论体系，独特的诊疗方法和显著的临床疗效等特征。在中华民族五千年的历史长河中，中医学始终担负着促进人身健康的重要角色，是中华民族长期同疾病作斗争的智慧结晶，它为中华民族的繁衍昌盛提供了重要保障。

　　《一代医圣　张仲景》这本书主要收录了张仲景的成长经历和奇闻逸事等。读者通过这些故事，可以了解中医名家救死扶伤、拯救天下苍生的医德精神和中医文化的博大精深。

本书内容通俗生动，易于读者阅读。书中配以与中医文化知识相关的图片，并选取了具有代表性的医圣祠和医圣出生地的特色风光作为跨页大图，使本书的内容更加生动传神，更具亲和力和吸引力。本书不仅是为了让读者了解中医文化，更是为了讲好"中国故事""中医故事"。

　　希望通过本书，读者对优秀中医文化会有更加深刻的了解和认识，能够更加热爱中医文化。通过我们对医学名家的传颂，优秀的中医文化必将再放异彩。

目录 MU LU

第一章
生于乱世 立志医方 —————— 1

第二章
少年勤求古训 拜师张伯祖 —————— 13

第三章
青年博采众方 广求名师 —————— 29

第四章
拜祭扁鹊 巧得扁鹊脉书 —————— 49

第五章
壮年行医 名传四方 —————— 63

第六章
中年为官 始创"坐堂医" —————— 83

第七章
晚年著书立说 撰写《伤寒杂病论》 —— 107

张仲景（约150—219年），名机，字仲景，南阳郡涅阳（今河南省邓州）人，是中国古代最杰出的医学家之一，推动了中医学的完善和发展进程。著有《伤寒杂病论》等。

第一章

生于乱世　立志医方

任何一个伟人的成长都离不开自身的努力和时代的造就。张仲景生逢"出门无所见，白骨蔽平原"的乱世，自然灾害、疫病流行，家族衰微，这些促使张仲景从小就立志于医学。

张仲景生于汉桓帝和平元年（150年），一生历经桓帝、灵帝、少帝、献帝四朝。这六七十年是中国历史上最为动荡黑暗的时期之一。朝廷政治日趋腐败，皇权旁落，外戚和宦官轮流专政，皇帝成为傀儡。地方郡县势力割据，豪族地主野心膨胀，兼并土地，百姓贫困。这种混乱黑暗的政治局面导致各地民众起义不断，群雄争斗不止。连年的战争让百姓流离失所，无法安居乐业。

除了人祸，天灾也连续不断，从2世纪中期开始，灾荒接踵而至。汉桓帝永兴元年（153年），黄河泛滥，受灾的百姓多达数十万户。百姓流离失所，奔波于逃

《说疫气》

荒的路上。桓帝延熹九年（166年），豫州发生大饥荒，饿死者将近一半，甚至发生了人吃人的惨剧。同时，疫病还不断爆发。资料记载，从汉安帝到汉献帝一百年左右的时间里，先后流行大疫十次。许多穷苦百姓因无药可吃、无医可治而死亡，正如曹植在《说疫气》中所说："疠气流行，家家有僵尸之痛，室室有号泣之哀。"据史料统计，当时人们的平均寿命只有三十七岁。

政治腐败，战争频繁，疾病流行，天灾人祸，民不聊生。社会一片惨淡萧条的景象，正如曹操诗中所写："白骨露于野，千里无鸡鸣。"张仲景正是生活在这样一个社会历史背景之下的人。

和平六年（150年）的一天，张仲景诞生于南阳郡涅水北岸涅阳镇（今河南邓州市穰东镇）的一个官宦之家。他满月的时候，族人前来祝贺。大家看到这个孩子清秀可爱，都赞不绝口，纷纷对其父亲说："孩子

张仲景像

万物生长

这么机灵乖巧,可得给他取个好名字啊!"张仲景的父亲张宗汉曾做过南阳郡的地方官,也是个读书人,只见他思索片刻,便给他取名"机",寓意孩子的将来像万物生长一样欣欣向荣,生机盎然。同族老伯马上拍手称赞:"好啊好啊!张机张机,就是'掌玑'的谐音嘛!张家的掌上明珠!这个名字取得好!取得妙!"所以,张仲景的名字有时也写作"张玑"。

时光一天天地流逝,小仲景一天天地长大。

因为父亲是读书人,小仲景很早就受到了良好的启蒙教育。在家中众多的藏书中,他酷爱司马迁的《史记》,并且受到了《扁鹊仓公

《史记》

列传》的影响。扁鹊是中医学的开山鼻祖，被誉为"神医"。当张仲景读到扁鹊使虢太子起死回生，通过观察齐桓侯的气色而预断其生命安危时，不禁对他神奇的医术拍案叫绝、心驰神往，敬佩之情油然而生。从此，治病救人、做一名医术高超的医生的愿望，像一颗神圣的种子，埋藏在张仲景幼小的心灵里。

可是张仲景的父母却不接受儿子的这种想法。因为自从董仲舒提出"罢黜百家，独尊儒术"后，儒家思想成为社会主流。"学而优则仕"，做官才是当时每个读书人的人生追求和最高理想。张仲景自幼天资聪慧，勤奋好学，胸怀仁爱，心忧天下。他的父母对他寄予厚望，希望他长大后能跻身仕途，光耀门楣。当时的社会普遍不重视医学，视医学为巫术，医生的社会地位十分低下，上层士大夫更是把医术当作"贱业"，没有谁愿意去当医生。

张仲景十岁的时候，拜谒了当时的名士何颙，正是这次谒见坚定了张仲景从医的信念。

何颙（约140—190年），字伯求，南阳襄乡（今湖北枣阳）人，与张仲景是同乡，年少时曾游学京都雒阳。何颙为人行侠仗义，乐于助人，为朋友两肋插刀，广结天下豪杰。此外，他还有一个特长，就是善于辨识人才。史料记载，有一次，何颙遇到曹操，不胜感慨地说："汉家将亡，安天下者必此人也。"后来，曹操统一北方，正如何颙

所预测的那样。当总角之年的张仲景站在何颙的面前恭恭敬敬地行拜见礼时，何颙仔细地打量着这个翩翩少年，沉思片刻，说："君用思精密，而韵不高，将为良医矣。"意思说，张仲景考虑问题细致周密，行事低调沉稳，将来一定会成为一名出色的医生。

　　张仲景听了何颙的话，心里思索："读书是为了做官，做官是为了实现仁爱，仁爱就是为天下百姓谋福。当一名医生，用自己的医术为病人解除病痛，既可以医治君王和父母的疾病，又可以救治黎民百姓，还可以教人保健养生，益寿延年。这种惠及天下苍生的做法难道不是仁爱的表现吗？这和做官有什么不同呢？"

　　"不为良相，便为良医。"历史上多少胸怀大志的儒者，都把从医

阳光普照

《伤寒论》与古代药材

作为仅次于做官的人生选择。

张仲景又想到自己的家族,原本二百多人口的旺族,因疫病流行而人口锐减。如果当时有好的医生,族人能得到及时的医治,怎么会有这么多无辜的亲人早早死去?每当看到自己的亲人一个个因病不治而离开人世,张仲景都痛心疾首,悲伤不已。他多么希望自己是一名医生去解救亲人和天下的民众啊!

何颙的一番话不仅坚定了张仲景学医的信念,也打消了他父母望子当官的想法,他们转而全力支持张仲景学医。从此,张仲景开始了学医、从医之路。

知识加油站

不为良相,便为良医

宋代《能改斋漫录》记载了北宋著名文学家范仲淹的一桩逸事:一天,年轻的范仲淹到庙里求神问卦,抽中一签,就请庙祝解签:"我将来能当一名好宰相吗?"庙祝说不能。范仲淹想了想,说道:"既然做不了宰相,那我就争取做一名好医生。"庙祝不解,毕竟当时社会宰相和医生的地位相差悬殊。范仲淹说:"报效国家,能为天下百姓谋福利,莫过于做宰相;可是做不了宰相,那就做一名好医生,用自己的医术为老百姓解除疾苦,这和做宰相一样都是爱民的表现。"

《能改斋漫录》

张仲景像

第二章

少年勤求古训　拜师张伯祖

《古今医统大全》上记载:"张伯祖,南阳人,笃好方术。精明脉证,疗病十全,当时所重,张仲景从而师之。"这位张伯祖以精湛的医术、高尚的医德、严格的教育成为张仲景医学上的第一个引路人。

中国古代医学一般都是以师带徒的形式代代传承。一些民间验方、秘方多掌握在医生个人手中,秘而不宣。所以要学到真本领,除了自己刻苦努力外,还需要好老师的点拨和教诲,正所谓"名师出高徒"。比如扁鹊得长桑君之禁方、仓公得公乘阳庆之秘籍。当时的医生各承家传之技,墨守成规,自立门户,严重地影响和限制了医学的发展。

张仲景在弱冠之年有幸遇到了名医张伯祖,并拜他为师。张伯祖是张仲景的同族叔叔,当时在南阳的少室山(今河南登封市西北)上隐居。他本来在京城行医,因医术高明而闻名。据说,有一次汉桓帝患病，恶寒发热，四肢无力，几经调治仍未好转，御医们束手无策，于是请来张伯祖。张伯祖经过诊脉望色之后说："陛下得的是伤寒病，需用汗法加以治疗。"于是张伯祖给汉桓帝配制了一剂发汗解表的药，服用后让桓帝躺在床上，用厚被盖严。不一会儿，桓帝全身发热，汗如雨出，等睡到第二天早上醒来，只觉一身轻松，病就这样神奇地好了。桓帝非常高兴，要重用张伯祖，任命他为侍中（皇帝的侍从、顾问）。但张伯祖不愿为官，便挂印辞官，来到少室山隐居。

张伯祖淡泊名利，医德高尚，张仲景十分钦佩他的为人和医术，决定上山拜他为师。张仲景来到少室山，见到张伯祖说明来意后，张伯祖问："你为什么要学医啊？当今的世人可都不愿意学医啊！"张仲景毫不犹豫地说："为了治病救人啊！就像扁鹊、仓公一样！"张伯祖又问："当医生既赚不了大钱，又出不了大名，还要吃苦耐劳、勤奋学习，这你也愿意吗？"张仲景坚决地说："这些我都不怕。"张伯祖暗自心想："我以前收的徒弟，不是为钱，就是为名，这个孩子聪慧颖悟，稳重诚实，是一个学医的好苗子。"于是，张伯祖就说："既然这样，我就收你为徒，你一定要专心致志，不能半途而废啊！"张仲景坚定地点了点头，恭恭敬敬地行过拜师礼后，就跟着张伯祖学医了。

拜师后，张仲景带着简单的行李来到张伯祖隐居的少室山住下。少室山，又名"季室山"，这里山势险峻，草木丰茂，生长着很多珍贵的药材。张伯祖经常上山采药，用于治病救人。

当时，战火连绵，瘟疫流行，找张伯祖看病的人很多。张伯祖诊脉开方，每天忙个不停。张仲景跟在师父身边，抄写药方，抓药配药，也忙得不亦乐乎。每到晚上，张仲景还要回忆师父当天看病的诊断和处方，并将它们一一记录下来，反复琢磨思考。见张仲景如此勤奋好学，张伯祖决定将自己多年来积累的行医经验全部传授给他。

一天早晨，张伯祖将张仲景叫到书房，指着书案上的书籍说："黄帝、扁鹊、仓公、涪翁，一代代古人为我们留下了珍贵的医籍，里面有很多治病的医理、医方和医术，你要下功夫学习先人的治病经验和做人的道理，这就叫作'勤求古训'。"张仲景全神贯注地听着师父的教诲，把每一

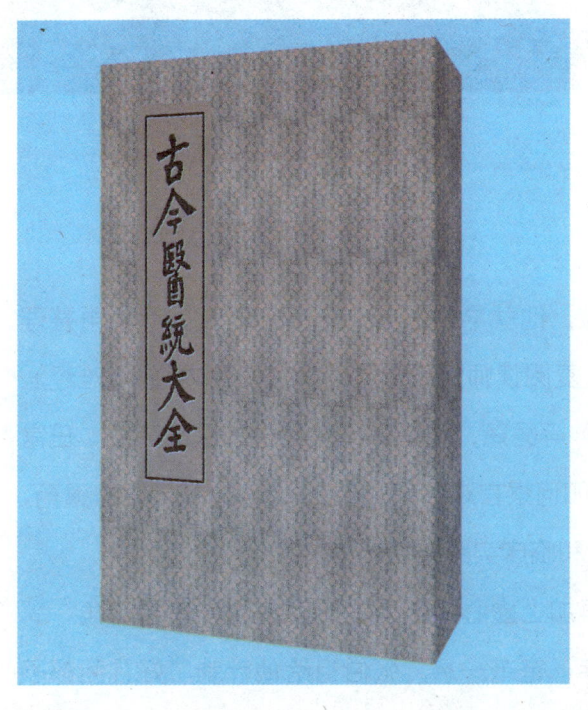

《古今医统大全》

庭院花朵

句话都记在心里。

从此,每天晨光熹微,他就早早起床,先打扫庭院门厅,再整理花园药圃,然后就开始反复阅读师父让他学习的《黄帝内经》《难经》《胎胪药录》《阴阳大论》等医籍,记诵师父教给他的医歌药诀。日常行医时,张伯祖教张仲景如何察言观色,如何诊脉针灸,如何开方遣药,还教会张仲景将医学理论和临床实践结合起来。

张仲景悟性极高,再加上虚心好学,很快就在医界崭露头角。邻村有个小男孩儿得了疟疾,奄奄一息,张伯祖给他针刺了好几回都不

《难经》

见好转,心里非常着急。张仲景说:"《黄帝内经》上虽有《刺疟》一篇,但文字简洁且含义晦涩,参照《黄帝内经》用针刺治疟疾不见得次次有效。师父不如放弃针刺,用汤剂试试。"张伯祖眼前一亮,说:"你有什么建议,说来听听?"张仲景说:"疟疾病人一般都时寒时热,而这个孩子却多寒少热,原因是他的阳气被痰堵塞,不能外达肌肤,不妨用蜀漆、云母、龙骨等配制一服汤剂。蜀漆祛痰效果好,但性味猛烈;云母、龙骨能防止蜀漆药性过猛。三味药配合,就可以镇邪扶正、助阳安神了。"张伯祖听了他的话,思索片刻,点了点头说:"这个药

龙骨

方有道理，可以用！"于是，师徒二人共同开好药方，并熬制成汤剂让孩子服下。几天以后，小男孩儿的病就好了。

有一天，两名男子抬着一位已处于半昏迷状态的老人来看病，说老人腹痛难忍，高烧不退。张伯祖诊断后说："病邪已入胃肠，热盛伤津，大便干燥不下。这病必须用泻下药，才能泻火通便。可是，病人年岁已大，身体又虚弱，服猛烈的泻药会使身体虚脱的，这可怎么办呢？"张伯祖左右为难。这时张仲景说："我有一个法子，不用服药，就可让他通便，不知道可行否？"于是，他就把这个方法告诉了师父。张伯祖听了后，高兴得连声说道："这个方法好！这个方法好！快试一试！"张仲景将一大勺蜂蜜倒进铜锅，一边用小火煎熬，一边用筷子不停搅动，直到把蜂蜜熬成黏稠的团状物。待其稍稍冷却还未成形时，将其捏成细长的条状"栓锭"，然后将稍尖的一头轻轻塞进老人的肛门。蜂蜜

聚合草

金银花

"栓锭"很快溶化,干结的大便被溶开。过了一会儿,老人的肚子咕咕作响,有了便意,接着就排出一堆恶臭的大便。由于热邪随粪便排出,老人的病情顿见好转。张伯祖和病人家属都惊叹不已,纷纷拍手称赞。张仲景又用汤剂加以调理,没过几天,老人就完全康复了。

这就是我国医学史上最早使用的肛门栓剂通便法,也是最早的药物灌肠法。在张仲景写《伤寒杂病论》时,将这个治法收入其中,取名"蜜煎导方",用来治疗伤寒病伤津亏耗过多而导致大便硬结难解的病症。蜂蜜有润肠通便的作用,一般都是口服,用它来灌肠,是张仲景的首创。这个方法至今仍备受推崇。

又有一天,一位妇女抱着一个不到两岁的孩子急急忙忙地来找张伯祖看病,不巧张伯祖外出不在家。张仲景见这位母亲焦虑万分,就关切地问:"孩子怎么了?"这位母亲说:"都两天了,我这孩子时而

晨曦初露

全身滚烫,时而寒战不止,上吐下泻,一天竟拉了十多次肚子,现在连哭的力气都没有了,如果不能马上治好,可能连命都保不住了。"说完,就抽抽搭搭地哭起来。张仲景说:"您别急,我来看看。"张仲景一边为小孩切脉,一边仔细地查看他的手指,只见指纹浮红,再查看舌苔,舌苔白腻,中心微黄。张仲景判断:"这是受惊引起的病。""可能是吧。"这位母亲说。原来,两天前的早晨,大人都忙着干活儿,孩子起床后自己跑到屋檐下玩儿,一不小心摔倒在阴沟里,弄得浑身

上下都是臭泥水。母亲情急之下，来不及烧热水，就用凉水给他冲了冲，没想到孩子就病了。张仲景仔细思索后，提笔开方遣药。这时张伯祖回到家中，看到张仲景的药方，连连称是。

经过这几件事后，张伯祖对自己的徒弟越来越信任，索性放手让张仲景单独给病人看病，疗效都非常好。

时光荏苒，转眼几年过去了。一日，张伯祖将张仲景叫到身边，说："孩子，你跟随我多年，现在已长大成人，这些年来我已将我治病的

时光荏苒

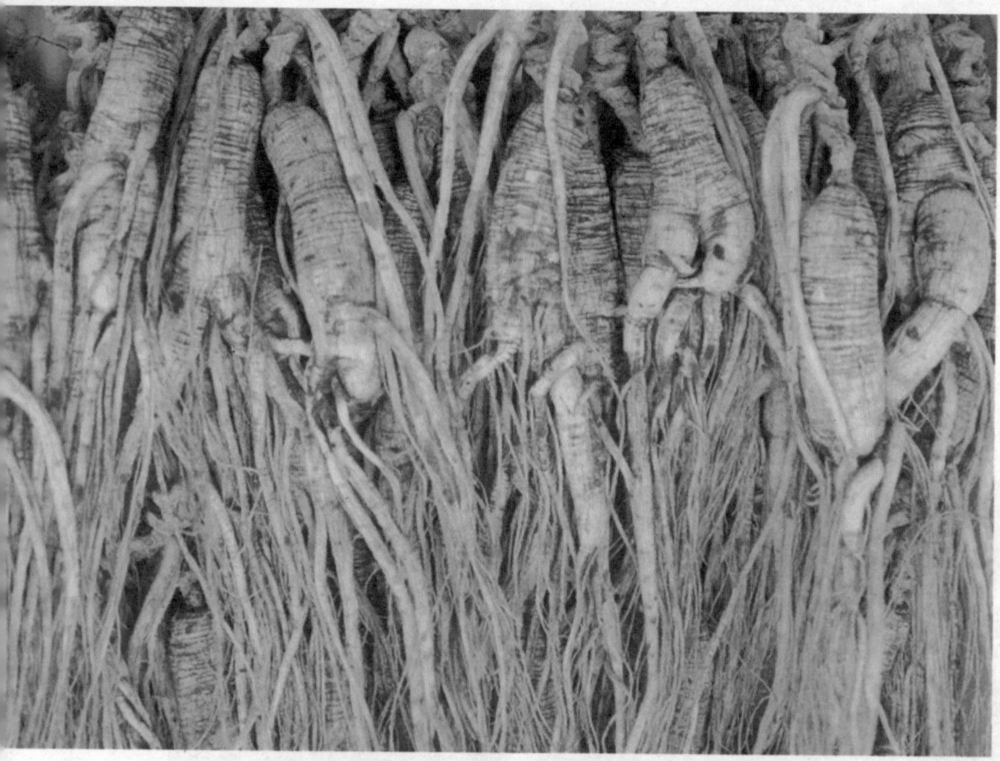

人参

方法全部传授给你了,你可以离开我单独行医了。"张仲景听后直摇头:"师父,我不想离开您,您年事已高,让我来照顾您吧。"张伯祖又说:"我知道你的心意,但是医学永无止境,你应该一面自己行医,积累经验;一面广求名师,学习更多的医学知识。只跟我一个人学习,会限制你的视野。"就这样,张仲景依依不舍地告别了张伯祖,回到了家乡。

知识加油站

《黄帝内经》

《黄帝内经》是中医学理论体系的渊薮。为后人托名黄帝所作,今多认为成书于西汉,亦非一人一时之作。全书分《灵枢》《素问》两部分,是中医学四大经典著作之一。书中以生命为中心,从宏观角度论述了天、地、人之间的相互联系,阐述了中医学上的阴阳五行说、脉象学说、藏象学说、经络学说、养生学、运气学等,奠定了人体生理、病理、诊断以及治疗的认识基础。

《黄帝内经 灵枢》

张仲景像

第三章

青年博采众方　广求名师

学无止境，年轻的张仲景虽师从张伯祖，已初步掌握了医学知识，但勤奋努力的他好学不厌，多次离开家乡，到外地游学，走访名师，拜师学医，医术不断提高，声名鹊起。

学业初成的张仲景回到家乡，他的父母十分高兴。虽然这时张仲景已能给人看病了，但他深知医术无涯，自己只是略懂皮毛，如果浅尝辄止，那只能成为混口饭吃的平庸医生；要想成为一名医术高超的大医，还要不断地向其他医者学习。于是，只要有机会，张仲景就到处拜师，学习医术。

南阳当地有个名医叫沈槐，没有儿子。当时人们重男轻女，医术传男不传女。沈槐眼见自己日渐老去，医术后继无人，整天闷闷不乐。时间久了竟积忧成疾，病情逐渐加重。别的医者也为他诊过病，但都没有治好。

张仲景听说后,来到沈槐家,说自己愿意为沈老诊病。仆人听完张仲景的来意以后,进去禀告沈槐。沈槐心想:"一个毛头小子,还能给我看病,真是不知天高地厚!即使是张伯祖的徒弟又能怎样?我倒想看看你有什么本事!"于是就让张仲景进屋。当张仲景站在沈槐面前时,沈槐眼前一亮,但见一个二十几岁眉清目秀的青年,温文尔雅地向自己作揖行礼,一举手一投足都流露出谦虚稳重、睿智坚定的气韵。沈槐心中不由生出好感。

张仲景仔细地为沈老先生诊过脉后,开了一个药方就起身告辞了。沈槐打开张仲景的药方一看,不禁哈哈大笑:"你们看看,这就是张仲景开的药方,用五谷杂粮各一斤,磨成面儿,和水揉成鸡蛋大小的团儿,外涂朱砂,一顿全部服完。这也是药方?谁能一顿吃得下五斤的东西

降香

古代药材

啊？再说，五谷杂粮也能治病？真是太可笑了！太可笑了！这张仲景不过是徒有其表啊！"

沈槐一边笑，一边叫仆人照药方做成一个硕大的药丸挂在屋檐下。每当家里来了客人，沈槐就让他们见识见识这个荒唐的"药方"，让大家都知道张伯祖有个不学无术的徒弟。一连几天，沈槐一看见屋檐下的"药方"就发笑，就连想起来也禁不住笑出声来。笑着笑着，心里的忧虑淡忘了；笑着笑着，身体的元气恢复了。

这时张仲景又上门拜访，一进门便说："恭喜老伯病愈！晚生班门弄斧，多有得罪，请老伯见谅！"沈槐先是一怔，然后看看自己的身体，恍然大悟：原来这位青年用情志疗法，故意让自己发笑，忘记忧愁，

身体就自然好起来了。"你是怎么想到这个方法的？"沈槐好奇地问。

"不瞒前辈，我是受《吕氏春秋》的启发。"

《吕氏春秋》中记载了一个治心病的故事。齐闵王得了疮病，整日郁郁寡欢，烦躁不安。于是就请宋国名医文挚来为自己看病。文挚诊病后，对太子说："大王的病能治好，但是大王痊愈后必杀我。"太子不解。文挚说："大王的病必须用激怒法才能治好，激怒了大王，我一定被杀。"太子听了恳求道："如果你治好父王的病，我和母后会保

中药铺

全你的性命,请先生不要担心。"文挚推辞不过,只得答应,说:"好,那我就冒死为大王治一治吧。"于是他与太子约好诊病的日期。可到了约期,文挚故意没来。约了第二次,文挚又没来。约了第三次,文挚还是没来。齐闵王见文挚屡屡不守信用,非常恼怒。没几天,文挚突然闯进王宫,既不施礼,也不脱鞋,直接就登上齐闵王的床,踩着齐闵王的衣服询问病情。齐闵王气得说不出话来。文挚又用更无礼的言辞激怒齐闵王,齐闵王气得大吼一声,坐了起来。这一怒

诊脉

《吕氏春秋》

治好了齐闵王的病,但正如文挚所预见,他最终被齐闵王所杀。

情志疗法也是中医常用的一种治疗方法,在医籍中常有记载。张仲景用情志疗法治好了沈槐的病,不得不让这位名医感到惊奇和佩服。张仲景又说:"其实我的医术还很浅薄,真心希望能向老先生请教。"沈槐被张仲景的真诚和机智所折服,为自己的误解而惭愧,于是收张仲景为徒,把积累多年的行医经验和秘方传授给了张仲景。

在张仲景寻名医的传说中,还有一则"襄阳访医"的故事。有一年,张仲景的弟弟要去襄阳,临行前张仲景给他把脉,预言第二年弟弟后背上将会长个"搭背疮"。弟弟很担心,张仲景安慰他说:"我给你开个药方,万一发了疮,服了这服药,疮毒转移到臀部,就能缓解,不会危及生命。在途中,谁能认识这个'搭背疮',就叫谁治。"

第二年，弟弟突然觉得后背疼痛难忍，果然"搭背疮"发作了。弟弟按照哥哥的药方抓药服用，不几天，疮果真从屁股上发出来了。他求遍襄阳的医生，有的说是疖子，有的说是毒疮，没有一个人能认出来。后来同济药店里有个医生，因医术高超，被人称为"王神仙"，他认出这是"搭背疮"，开了药方，没几日，疮就好了。弟弟写信把这件事告诉给张仲景，张仲景知道，能认出并治好这种病的一定是高人，就背着行囊，跋涉数百里，赶到襄阳拜师学技。

王神仙把张仲景留在药店当伙计，每天炮制药材。由于他聪明好学，又通医理，炮制的药材又快又好，没过几天，王神仙就把他调到了药铺当司药。张仲景一边司药，一边留心王神仙给人看病。张仲景十分勤奋，王神仙非常器重他，让他做了自己的助手。王神仙切脉看病，张仲景记录抄方。遇到疑难病症，王神仙还让张仲景把把脉，积累治病的经验。转眼一年过去了，张仲景学有所成才回家。

张仲景一直没有停止拜师学艺的脚步。都城雒阳是当时政治文化中心，有很多名医在那里行医。为了长见识，开阔视野，张仲景决定去雒阳寻访名医。来到雒阳后，张仲景先在一家药店做捡药、打杂的帮工。药店的主人叫杨

五味子

励公，是位行医三十多年的老医者。经过一番盘问，杨老先生收留了张仲景。张仲景捡药时利落熟练，干杂活时勤勉实在，很快就得到杨老先生的钟爱。

一天，杨励公偶然发现张仲景在他开的药方里悄悄增加了一味药，仔细琢磨后，不得不承认这味药加得非常适当，提高了药剂的功效。从此，老先生开始注意这个为人处世恭谨低调的年轻后生了。

又有一天，杨老先生外出办事，药店突然来了一个病人，一进门就喊口渴头晕、烦躁胸闷、浑身无力，说着说着就晕倒在地上。张仲景此刻来不及多想，马上把病人扶起让他躺在床上。他一摸，病人手足发凉；再号脉，脉搏细微紊乱。于是，他取来银针为病人针灸。过了一会儿，病人苏醒过来。这时，杨老先生也回到家中。他仔细查看

白豆蔻

芋

张仲景针刺的部位后，暗暗称赞针刺得准确到位。病人临走时，张仲景为他开了一剂加味乌梅汤的药方。杨老先生在一旁查看这个处方，赞许道："这个药方又攻又补，寒热可以并用，很恰当啊！"

病人离开后，杨老先生把张仲景叫到屋里，说："小伙子，我看你针术精准，用药恰当，绝不是一个刚刚学医之人，我说得没错吧！""先生，实不相瞒，我是学过医，但医术粗浅，这不，我从家乡南阳来到雒阳，就是想找像先生这样医术高超的人学习啊！"张仲景和盘托出自己来雒阳的原委和目的。杨老先生也十分欣赏张仲景的坦诚，两人越谈越投机，越谈越兴奋。当杨老先生得知张仲景拜见过何颙时，非常激动地说："你见过何颙先生？你知道他的下落？""是啊，他鼓励我将来要成为一名好医者。""既然你认识何颙先生，那我引见你去见一位高人，若能得到他的指教，就不枉来京城一趟了。"

"这位高人是谁呢？"张仲景好奇地问。"这样吧，我先给你讲一段往事吧。"杨老先生喝了口茶，娓娓道来："许多年前，蜀郡有一位隐姓埋名的老者，精通脉学，擅长针灸，因常常在涪水（今四川绵阳）边钓鱼，人们就称呼他为'涪翁'。涪翁治病不论尊卑贵贱，都全力救治，却不收任何报酬，深受当地百姓的推崇和爱戴。他还写了《针经》《诊脉法》两部书，把针灸秘诀传给弟子程高，程高后又传给郭玉。"张仲景全神贯注地听着杨老先生的讲述，不知不觉夜已经深了，可杨老先生无丝毫倦意。"郭玉诊脉和针术极其高超，得到和帝的欣赏，被任命为太医丞。但他仍然喜欢给贫困的百姓看病，往往针灸一次即见奇效。可是给地位显赫的达官贵人治病，却往往治不好。和帝质问他其中的原因。郭玉回答说：'医者，意也。就是说医生对病人必须全心全意，病人必须让医生专心致志，才能把病治好。位高权重的人用居高临下、骄恣蛮横的态度对待我，我怀着恐惧的心理为他们治病，根本不能仔细考虑如何治疗。另外他们养尊处优，好逸恶劳，身体不强，不胜药力，在治

《诊脉法》

針灸

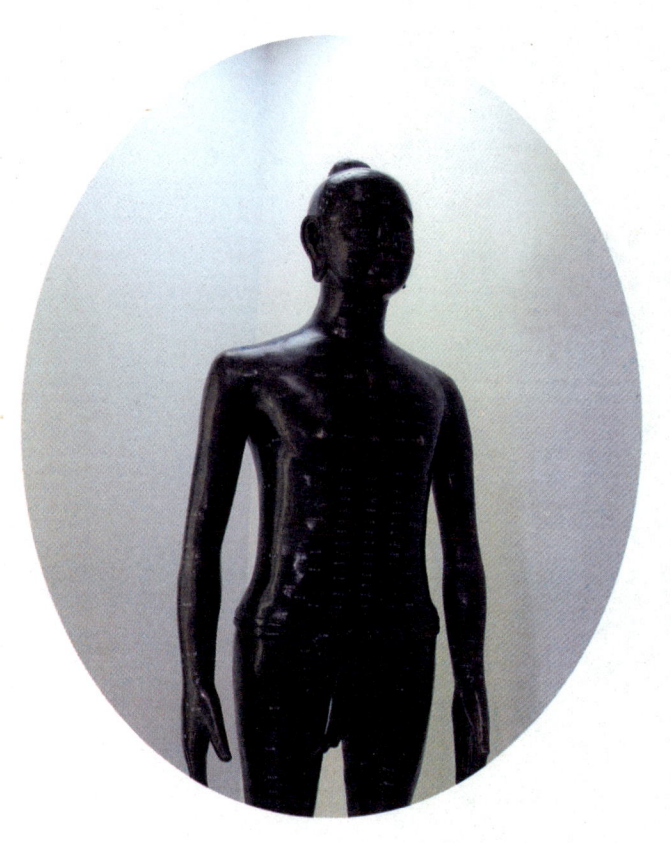

针灸铜人

疗中又爱自作主张，不信任我，这些就是他们的病治不好的原因。'后来，郭玉也隐居了。他将医术和医书都传给儿子，又由他的儿子传给孙子郭安。二十多年前，郭安和太学生一起反对宦官专政，被捕入狱。因他医术精湛，擅长针术，就被一些想让他治病的达官贵人保释出来。但他的好友何颙却下落不明，生死未卜。现在郭安就隐居在雒阳附近，几乎足不出户，既不看病，也不收徒，只希望能等到何颙的消息。"讲到这儿，杨老先生压低声音对张仲景说："这就是我要你去见的人，如今他已改姓范了。我和他是极好的朋友，我叫他'范夫子'。""明天，我给你写封信，你带着我的信去找'范夫子'，告诉他何颙的下落，他定会接待你。"杨老先生讲得动情，张仲景听得入迷，不知不觉，时间已过三更。

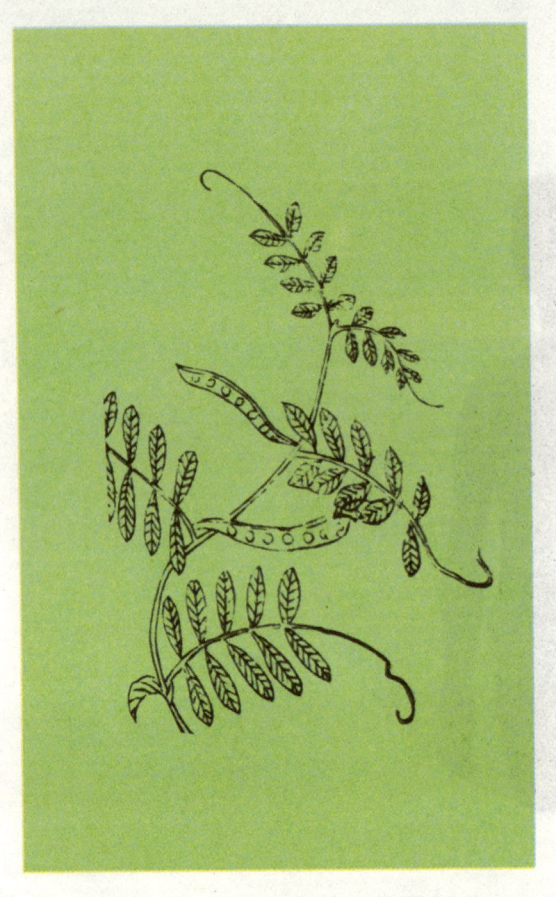

薇

第二天,按照杨老先生的指点,张仲景来到洛阳西南四十余里处的一个小村庄。在一家茅庐前,一位满头白发、精神矍铄的老人正在拾掇鸡舍。"先生是范老伯吧?我这儿有一封杨老伯写给您的信。"张仲景上前向老人行礼,双手递上杨老先生的信。范老先生迟疑地接过信,认真地读起来,越读神情越激动,双眼竟溢满泪水,双手也颤抖起来。"你知道何颙先生的消息?"张仲景点了点头。范老先生急忙把张仲景让进屋,急切地询问起何颙的情况:"他现在在哪儿?身体怎么样?"张仲景都详细地一一作答。张仲景还把何颙鼓励他做一名良医的话说给范老先生。范老先生说:"何颙先生的话没有错,我相信何颙的判断。杨公信里告诉我,你心地善良,勤奋好学,我看你将来一定会有出息的。"张仲景在范老先生家住了几天，一老一小畅所欲言，谈论了很多医学上的事情，范老先生还把自己的行医经验讲给张仲景听。两人都有相见恨晚的感觉。

临行前，范老先生又从一个精致的箱子里小心翼翼地捧出两卷帛书，说："这是我祖父传下的两卷医书，上面记载了涪翁用针、切脉的方法，你就留在这屋子里读几天吧。""这么珍贵的书，我居然能读到！"张仲景被突如其来的幸运惊呆了，愣了一下才缓过神来，连忙接过帛书，坐到书案前开卷细研。一连几天，张仲景废寝忘食、足不出户，如饥似渴地读着这两部医书。他多希望自己能过目不忘，把书上的每一个字都记在心里。

转眼间，张仲景到雒阳快一年了。在这一年里，他的学业大有长进。他和范老先生用八味药配制的肾气丸（也叫八味肾气丸、金匮肾气丸）

帛书

《针经》

是温补肾阳的良药。后人在此方基础上加以改进的"六味地黄丸",时至今日仍是滋阴补肾的良药,可谓"伏牛药方改,千年药不衰"。张仲景和范老先生一起讨论脉学,研究涪翁撰写的《针经》,发现了许多新的穴位,为针灸术的发展增添了新思路。

知识加油站

情志疗法

情志是指人的喜、怒、忧、思、悲、惊、恐等七种情绪。中医学认为,任何一种情绪非过度变化和波动,都会导致疾病。中医学将脏腑情志论和五行相克论相结合,把人体归纳为五个体系并按五行配五脏五志,然后利用情志之间相互制约的关系(即喜伤心,恐胜喜;怒伤肝,悲胜怒;思伤脾,怒胜思;忧伤肺,喜胜忧;恐伤肾,思胜恐)治疗疾病,换一句话说,也就是运用一种情志纠正相应所胜的另一种失常情志的治疗方法,是一种心理疗法。

花

张仲景像

第四章

拜祭扁鹊 巧得扁鹊脉书

张仲景心目中最敬仰的医生是春秋战国时期的秦越人,即被誉为"神医"的扁鹊。从童年时起,扁鹊行医的故事就一直激励着张仲景。能亲自去祭奠扁鹊,是张仲景一直以来的心愿。

从雒阳拜别两位老师后,张仲景决定继续北上,去河内郡荡阴(今汤阴)拜祭扁鹊墓,实现自己多年的夙愿。

张仲景从孟津渡过黄河,夜晚投宿在修武县的一家小客栈里。天微微发亮时,猛然听到有人惊恐地大叫:"快来人啊!快救人啊!有人上吊了!"出于医者的本能,张仲景急忙从自己住的客房跑向出事地点。

原来,一个伙夫早起做饭,经过马棚时,朦朦胧胧中看见旁边的一棵树上吊着个人,顿时吓得魂飞魄散,大声惊叫起来。张仲景和另外几个小伙子相继跑到树下,其他胆大的人也紧跟着过来。晨曦之中,

扁鹊之墓

只见一个小伙子吊在树上。

"大家先别慌,我可以救他,请大家配合我把他放下来。"张仲景一边急切地说,一边和另外两个人上前抱住小伙子的身体,轻轻地托住,解开小伙子脖子上的绳索,然后,把小伙子抬到草席上平躺下。只见这个小伙子身体僵直,脸色发青,气息全无。人们七嘴八舌地议论:"这人没救了!这么年轻,太可惜了!"人们叹着气,摇着头。

张仲景抱着一丝希望,将手指放到小伙子的鼻下试了试,又摸摸了人迎脉和胸口,再摸摸小伙子的腋下,还有余温,就对围观的人说:"这人还有救,谁能帮我一下?"两个胆大的小伙子走上前去。张仲景对其

山脉

中一个说："你用脚顶住他的两肩，拉紧他的头发。"又对另一个说："你用麦秆向他的两耳吹气。"张仲景自己则用双手不停地上下按压小伙子的胸口和肋骨，又按摩他的手臂和腿，并使他的手脚一屈一伸，同时还揉搓他的腹部。随着手足一起一落，一松一压，不到半个时辰，这个小伙子竟缓过气来，有了微弱的呼吸。张仲景告诉大家不要停，继续做下去。又过了一会儿，这个小伙子终于清醒过来，慢慢地睁开了眼睛。

围观的人们都长长地松了口气，这个小伙子竟奇迹般地活过来了。张仲景救人的方法就是最早的人工呼吸法，后来被写进《伤寒杂病论》中。欧洲直到1879年，才有医生把人工呼吸法用于急救濒死的患者，比张仲景的记录晚了近1700年。

朝阳泛着红光从地平线上升起，鸟儿在婉转地歌唱。张仲景让客

栈主人熬了一碗桂枝汤,给小伙子喂下。慢慢地,小伙子已经能开口说话了。

原来,这小伙子靠打鱼为生,去年家乡发洪水,全家赖以为生的唯一的一条小木船被大浪冲走了。老父亲哭瞎了眼,老母亲瘫痪在床。他拼命为别人打鱼,可打上的鱼还不够交租,就更别说养活父母了。不得已,他说尽好话从别人那儿借了些钱,准备做个小买卖。没想到,他刚到修武,钱就被偷了。他哭了整整一天,可是又有什么用呢?他既无法面对父母,也无法面对债主。他越想越委屈,越想越绝望,最后,决定一死了之。小伙子一边说一边哭,周围的人都沉默了。

张仲景握着他的手安慰说:"你可不能寻短见啊,你死了,你父母怎么办啊!我这儿还有些钱,你先拿着,快回家给父母买些吃的吧。"

晨光熹微

客栈里其他的旅客也纷纷慷慨解囊，又给小伙子凑了点儿钱。小伙子感激得不知如何是好，又是作揖，又是磕头。张仲景说："不必感谢，快回家见你的父母要紧。"

张仲景在客栈里救人的这一幕，被一个围观的壮汉看在眼里，记在心上。张仲景离开修武，来到河内郡荡阴东二十里的"伏道村"，神医扁鹊就埋葬在这里。

扁鹊因医术精湛而闻名于世，秦国的太医令李醯非常嫉妒扁鹊，就派刺客去刺杀他。刺客打听到扁鹊的必经之地，就埋伏在道旁，等扁鹊经过时伺机将其杀害了。一代神医就这样惨死在同行手下。当地百姓敬仰扁鹊，就"葬尸积冢，冢前立祠"，修建了扁鹊墓和扁鹊祠以示纪念，并把这个村称为"伏道村"。

据说，扁鹊墓周围长满艾草，奇香异常，能治多种疾病，被称为"仙艾"。每到端午节之时，人们纷纷采集艾草做汤以祛百病。艾草还可以做成艾灸，治百病。

张仲景迎着朝阳来到扁鹊墓前。这天正好是清明节，晨雾刚刚散去，空气中弥漫着艾草的清香。张仲景从行囊中取出一炷香点燃，向扁鹊墓深深鞠躬，在心里默默祈祷，然后又庄重地磕头祭拜。

这时，旁边烧完纸钱的一个壮汉向张仲景

扁鹊

晨霧散去

白芨

走来说："这位先生是张仲景吧？在修武救人的那位？""正是在下。请问先生怎么知道我？"张仲景不解地问。"因为你救人的时候我也住在那间客栈啊！我看到了你是怎样救人的。"张仲景马上向壮汉作了一个揖："学生从南阳来，从小就仰慕扁鹊，这次是专程来拜祭的。"张仲景说话间见壮汉手指在膝头上习惯地做按脉状，于是问道："先生也是一位医生吧？请问尊姓大名？"

"不必问我姓名，我只想今日了却一桩心愿。"壮汉说道，"当今医道衰微，医门中逐利者多，志在救人者少。"他又转身对着墓，伤感地说："一代神医葬在这里，竟难得有人前来祭拜，人们只在端午节时才来这里争抢艾草。我是黄河边一位行医之人，每年清明节都来为扁鹊献上一炷香。从前年起，我暗暗立下一个誓愿：每当清明节，我都在墓前守候一天。如果这天有行医的人前来祭拜，我就将祖辈传下的《扁鹊脉书》抄本赠给他。我苦苦等了两年,今天终于等到了。"

说完,壮汉从怀里抽出一卷帛书,郑重地递到张仲景面前。张仲景一时之间不知如何是好:这样珍贵的医书,朝思暮想都盼望着得到啊!但萍水相逢,连对方姓名都不知道,又怎能接受这么贵重的东西呢?正在张仲景犹豫不决时,壮汉又开口了:"昨天看见你在客栈救人,既为你的医术所惊叹,又为你的人品所折服。我既已立下誓言,这书就一定要交给你。书是扁鹊传下的,你是仰慕扁鹊的人,扁鹊在天之灵也会非常高兴的。"

听了对方恳切的话语,张仲景不再迟疑,双手接过了那卷用青布

脉书

层层包着的帛书。

"望先生留下姓名住址,晚生学医有成,一定前来报答。"张仲景诚挚地请求。

"良医当医天下,何必报答个人。"壮汉爽朗地笑着,起身飘然而去。

张仲景紧紧地抱着扁鹊脉书,望着壮汉的身影渐渐消失在一片绿色的树丛中。

知识加油站

《史记》

《史记》是西汉史学家司马迁撰写的一部史书,也是中国历史上第一部纪传体通史,被列为"二十四史"之首,与《汉书》《后汉书》《三国志》合称"前四史",被鲁迅誉为"史家之绝唱,无韵之《离骚》"。全书记载了上自传说中的黄帝,下至汉武帝太初四年间共3000多年的历史。其首创的纪传体编史方法为后来历代"正史"所传承,对后世史学和文学的发展都产生了深远影响。扁鹊在《史记》中与仓公合传,是我国历史上第一个有正式传记记载的医家。

帛书

山草药

第五章

壮年行医 名传四方

"勤求古训，博采众方"出自《伤寒杂病论·序》。这句名言是张仲景的求学之法，也是他的成才之路。一千多年来，后人以此为圭臬，将中医学不断完善并传承下去，造福世人。

拜祭扁鹊墓后，张仲景从荡阴起程回家。一年多没有回家了，张仲景此刻归心似箭，加快了回乡的脚步。

母亲正在院子里干活儿，忽然见张仲景回来，高兴得直流泪，不断为儿子拍打身上的尘土。父亲听到院子里突然热闹的说话声，从书房快步走出来，父子俩含笑相望了好一会儿。这时家里其他人也都出来和张仲景相见。张仲景详详细细地讲述起了这次出门求学的经历，屋子里充满了欢声笑语。

第二天吃了早饭，张仲景急忙赶去拜望张伯祖。师徒离别了这么久，见面后倍觉亲热。张仲景向老师详尽地述说了这次

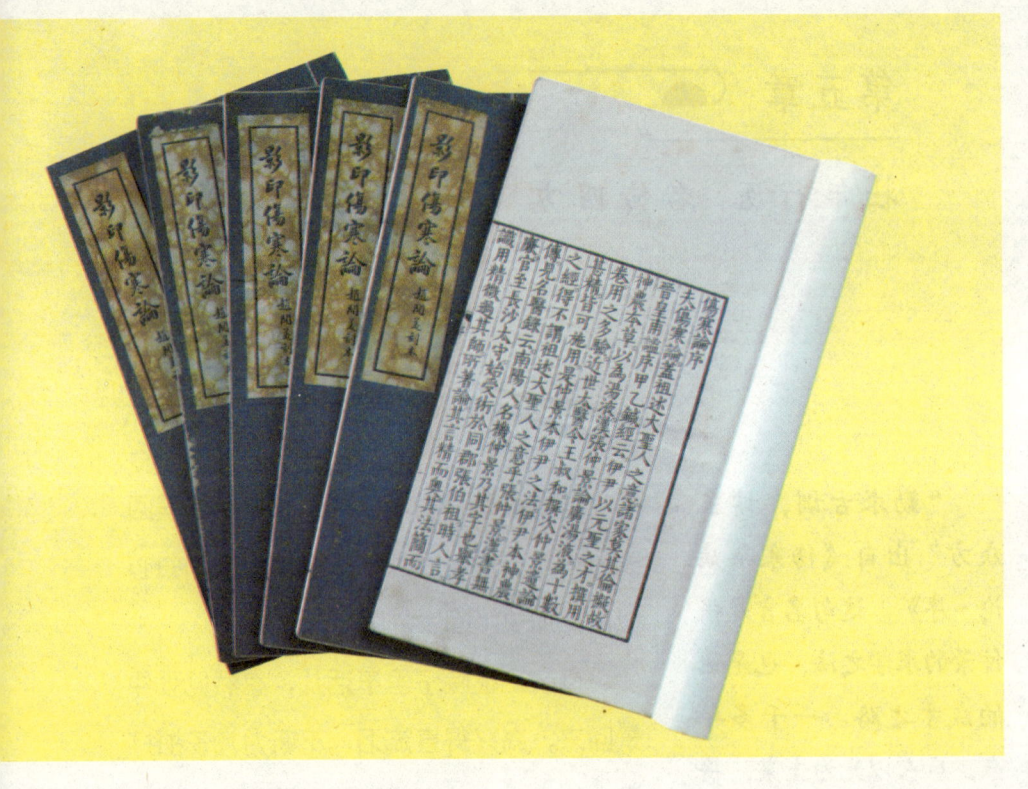

《伤寒论》

白芍

远游的甘苦得失，然后取出在洛阳记录的医案与在扁鹊墓前获得的医书，和老师一起研究探讨起来。谈话中，张伯祖觉察到张仲景的医理、医艺又大大长进了，高兴地说："仲景，古人说'青出于蓝而胜于蓝'，这话不错啊！你现在医艺远超于我，你赶快正式悬壶济世吧。"

两人一直说话到天黑，张仲景才告辞回家。张仲景回家不几天，他在途中救活上吊青年的事，就在南阳传开了。人们说他有起死回生之术，请他诊病的人越来越多了。沈槐老人也听说了这件事，当张仲景去拜望他时，他连连说自己没看错人，鼓励张仲景继续专研医术。

春去秋来，三年过去了。在这三年间，张仲景娶了个识文断字、贤淑能干的妻子，并有了一双聪明乖巧的儿女。但也在这三年间，沈槐、张伯祖接连去世。

大喜大悲之后，张仲景更加努力地钻研医术。他冒着生命危险在自己身上试着针刺，进一步摸清了人体经络的走向，找到了新的治病穴位。他有时不用一药，只针灸一次，便可手到病除。他有时只望人气色就能说出病家的症状、病因。同样的病，他用不同的药方；不同的病，他又用同一药方，但都能使病人得到满意的疗效。郡县官员、富贵人家请他看病，他不亢不卑，诊费、药费，一律照收；孤苦老人病了，流落南阳的难民病了，他不仅不收诊费，还免费赠予药物。

张仲景的名字越传越远，中州大地，京都雒阳，不论是官员，还是百姓，都称赞他的医术，颂扬他的医德。

这年夏天，南阳郡异常炎热。衙门的大小官员都热得无法办公，郡守干脆让下属们各自回家。身为书办（秘书）的宁远离开衙门后，径直向张仲景家走去。他与张仲景是年纪相当的朋友。两人来到树荫下，一边下棋，一边喝茶聊天。

茶叶

七星百草园

　　谈兴正浓时，张仲景突然噤声不语，他右手举着一颗棋子，两眼久久地凝视着宁远那微笑着的脸。宁远惊诧万分，连忙寻问原因。张仲景抓过宁远的左手腕，仔细诊了脉息，半晌才一字一顿地说："你患了消渴症，现在是初发，不易觉察。三个月后，将头痛难眠，尿频尿多，这叫上消；六个月后，饥渴难忍，小便浓稠，这称中消；一年以后，背发疽疮而死，这叫下消。现在幸亏发现得早，还可以治疗。"

　　张仲景抛下棋子，回到书房，为宁远开了一个药方，并告诫说："要及时服药，连续治疗。"

　　宁远笑了笑，漫不经心地接过药方。告辞后，走在路上，宁远竟

书房

自顾自地大笑起来，心想："行医之人，常爱故弄玄虚，没想到张仲景也会这一套。我哪有什么消渴之症！我偏不吃他开的药，等将来无痛无病时去见他，看他又怎么说。"说罢，便将药方扯碎扔掉了。

三个月后，宁远出差在外，果然头痛失眠，尿频尿多，他以为是感染风寒引起的，并不在意，回家后仍不去看病吃药。又过了两三个月，病势猛地加重了，竟已到了饥渴难忍、小便浓稠的地步，他这才慌了手脚，赶忙去找张仲景治疗。张仲景见状，不禁长叹一声，痛惜地说："你的病已到了中消，毒已入内，气血亏损将尽，非人力所能挽回啊！"

宁远悔恨万分，失魂落魄地回到家里。一连几天，他痛苦难忍，

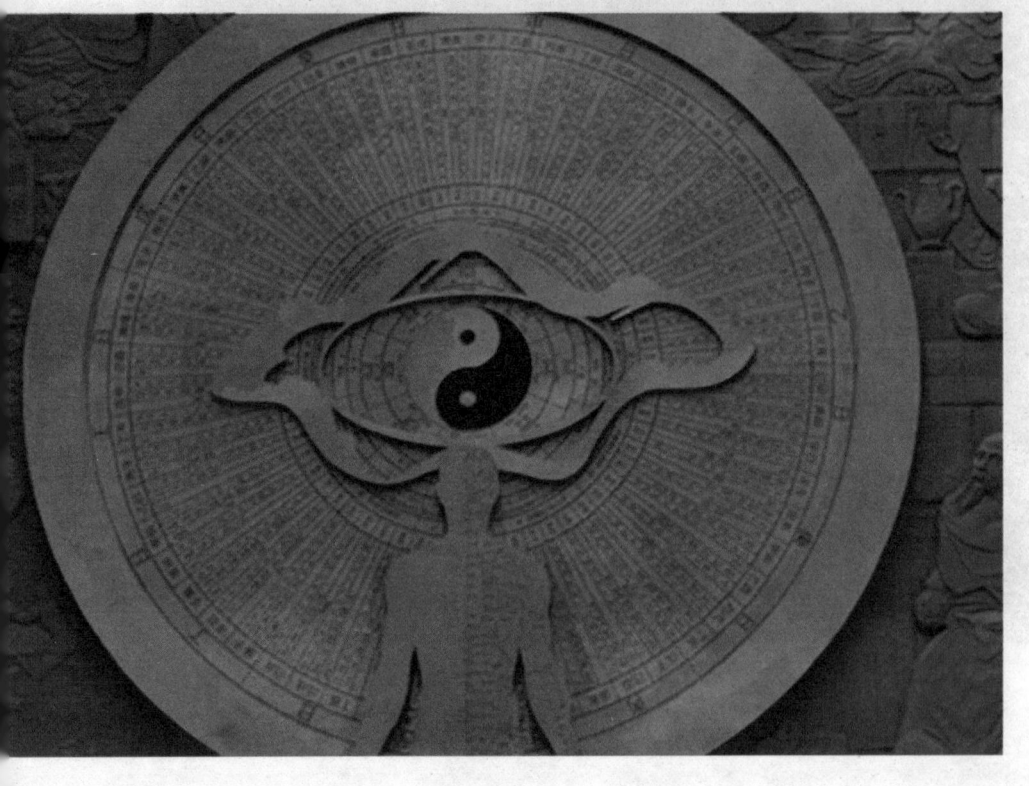

十二时辰

丹参

绝望中，把心一横：反正六个月后难免一死，倒不如出门去游览名山胜水，快活半年。于是，他辞去书办职务，独自出门远游去了。

一年后的一个早晨，张仲景家的院门突然被推开了，跨进门来的竟然是步履轻健、气色极好的宁远。张仲景惊喜万分，快步走到宁远面前，双手紧紧抓住宁远的两只手臂，大声喊道："宁远，你一定是遇到异人神医了！"宁远眉飞色舞地向张仲景讲述了他的奇遇。

在远游中，他听说茅山有位汉顺帝时的道士，已年近八十，医术神奇，但却不轻易给人看病。他闻名来到茅山后，向老道士百般请求。老道士见他远道而来，病情确实危急，才答应给他医治，后来真的就治好了。

张仲景听了宁远的叙述，感叹地说："真是天外有天，学无止境啊！

茅山

道士中有画符骗人的，但也有这样的高人。我决心到茅山去一趟，向这位道士求教。"

张仲景跋山涉水，晓行夜宿，历经数千里，终于到了茅山，寻到那位老道士。张仲景直率地说出了专程前来求教的心意。老道士见张仲景言辞坦诚，又是一位习医之人，对医学知识的掌握如数家珍，不由得对他刮目相看。不久，两人就成了忘年之交，张仲景从茅山道士那儿又学到不少治病良方这才回家。

多年来，张仲景精研医籍，勤求古训；广求名师，博采众方；反复琢磨，创制新药。他治疗内科疾病的医艺已趋于精熟的地步，但他感到在治疗外科疮痈上还有不足。

襄阳城有位外号"王神仙"的名医，最善治毒疮，曾治好张仲景

大荩蘆草

张仲景像

医疗器具

弟弟的"搭背疮"。张仲景听弟弟说后,求教心切,当天就打点行装,直奔襄阳而去。这天晌午,张仲景寻路来到了王神仙药店门前,苦苦要求掌柜收他做个药店伙计。碰巧这几日看病买药的人特别多,掌柜忙不过来,见有人要求当伙计,就当场让他试试炮制药材。张仲景一听,放下行李,立即利落地干了起来。掌柜见了,非常满意,问道:"你是何方人氏?姓甚名谁?"襄阳离南阳不远,张仲景知道自己的名字已传到此地,他怕说了真话不方便,于是答道:"我是南阳人,姓张名羡,家乡遭灾,逃难在此。"

掌柜将此情况告诉了王神仙,收张仲景做了伙计。从此,张仲景处处留意,将王神仙治病的独到之处一一记在心中。

一天,一个老汉匆匆来到药店,说他儿子病得厉害,把王神仙请走了。过了半个时辰，老汉来药店取药，张仲景见处方上有"藤黄五钱"便知道病人肚中有虫。又过了一会儿，王神仙回来了，正要举步进内室休息，张仲景忙拦住了他："先生，那老汉不久或许还会再来请您的。"

"那药一吃，病就缓解了，怎会还来找我？"王神仙不满地走开了。

张仲景再次拦住王神仙，赶快解释："恕晚辈直言，用藤黄杀虫，一般需要一两的剂量。先生只开五钱，这药量不足以杀死腹中虫子，那没杀死的虫子闹腾起来更厉害，甚至会有性命危险哩！"

王神仙一下醒悟过来，但一时竟不知如何是好。这时，那老汉果然又跑来了，说孩子吃药后肚子疼得更厉害了。张仲景立刻说："先生，晚辈愿替先生走一趟。"

当张仲景来到老汉家时，病人正痛得在床上打滚。张仲景拿出银针，揭开病人衣服，对准穴位刺了进去，接着又让病人服下一剂泻药。过了不久，几条又长又大的虫子被排泄出来，病人的疼痛立即全消了。

回到店里，张仲景把出诊的情况告诉了王神仙。王神仙知道详情后，又惊又喜，忙问："张羡，你到底是什么人？""实言相告，我姓张名机，字仲景，专到这里拜师学艺的，怕您不肯收下我，所以当初不敢说出真实姓名。"张仲景回答。"哎呀，原来是张仲景先生，久闻大名，没想到你这么年轻俊雅，说什么拜师学艺，可不敢当！"二人又交流了很多行医经验，特别是在外科痈疽的治疗上。

张仲景"博采众方"，广泛搜集古今治病的有效方药，甚至民间验方也尽力搜集。他对民间喜用的针刺、灸烙、温熨、药摩、坐药、洗浴、润导、浸足、灌耳、吹耳、舌下含药、人工呼吸等多种具体治法都一一加以研究，广积资料。

张仲景给病人开的处方中，很多药材是自己采集的。有一年，他去神农架采集药材。当他经过秭归时，天气非常炎热，热得人喘不过

铜壶

气来。在路边的驿站休息时,张仲景发现,一个老翁身边放着几只盛水的大水壶,路过的人总要停下来倒一大碗水喝。张仲景觉得口渴难忍,便也上前去喝了一碗。这是一种浅黄色的汤水,刚喝下去,似乎就有一丝凉气直沁心脾,人也清爽了许多。张仲景连忙问:"请问这壶里的水是用什么熬成的?""用瓜蒂熬成的。"老汉热情地答道,"夏天烈日炎炎,暑气旺盛,有的人因为乘凉受了寒;有的人图凉快到冷水中洗澡或游泳,以求一时之快,导致气血不畅,遏抑汗液排泄,这样人就会全身发热,或者感觉四肢酸疼而沉重。这瓜蒂汤能去暑热,我们这里就用这种水医治中暑的人,病得轻的人喝了它一般都有效。这样的大热天,我们常常准备这种汤药来解暑。"张仲景见这药方简便又有一定疗效,就把它记了下来,并取名"一物瓜蒂汤"。

杏

张仲景熟读《黄帝内经》，根据疾病性质不同，在用药上也区分药材的寒热温凉属性，创制了许多著名的方剂。如治疗阴阳无形炽热的辛凉重剂——白虎汤；治疗热利下重的清热止利剂——白头翁汤；治疗热扰胸膈、心中懊侬的清宣郁热剂——栀子豉汤等；又如温散发表的麻黄汤、温中散寒的理中汤、温阳利水的真武汤、回阳救逆的四逆汤等。这些方剂一直流传至今，是治疗上述疾病的首选药物。

知识加油站

四诊法

中医四诊法是扁鹊在总结前人经验的基础上提出的诊病方法，即望、闻、问、切。"望"就是观察病人的神、色、形、态的变化。"闻"是指听病人说话的声音，以及呼吸、咳嗽、呕吐、嗳气等声音，还要以鼻闻病人的体味，以及口臭、大小便等发出的气味。"问"就是问病人起病和转变的情形，以及大小便、饮食、胸腹、耳、口等各种情况。"切"就是脉诊和触诊，通过给患者切脉，以手触按病人的体表，掌握脉象，以及察看病人的体温、硬软等状况。这四种诊法至今仍普遍使用，是中医辨证施治的重要依据。

麻黄

巫峡

第六章

中年为官 始创"坐堂医"

张仲景壮年时曾为官三年。做长沙太守时,他一方面推行仁政,安抚百姓,使百姓安居乐业;一方面,时刻牢记普通百姓的疾苦,定期在衙门里为百姓看病。"坐堂医""冬至吃饺子"的习俗,是百姓感谢张仲景最好的方式。

精湛的医术使张仲景的名声越来越大,越传越远,慕名来找张仲景看病的人也越来越多,上自达官贵人,下至普通百姓。而贫苦大众更愿意找张仲景,因为他有一颗悲天悯人、不慕名利的心。这期间,张仲景还收了两个徒弟:杜度和卫汛。

有一次,张仲景坐船穿行巫峡。拉船的纤夫们只穿着破旧的短裤,赤裸上身,弓着腰,喊着号子,拼命拉着纤绳,在江边一步一步艰难地前行,后背上勒出一道道血印。突然,一个纤夫摇晃了一下,一头栽倒在岸边。同伴们赶紧上前把他扶起来,让他平躺地面。张仲景见了这种情况,立即说服船家将船靠岸。他背起药囊,跨

船

下船，疾步走向那个倒下的纤夫。张仲景很快做出诊断："他是过分劳累和饥饿才昏倒的。"旁边一位纤夫点了点头，悲伤地说："是啊，他家里穷，为了养家糊口多挣点儿钱，他都两天没吃饭了。"

张仲景给这个纤夫针灸，一会儿，纤夫就醒过来了。张仲景掏出软一点儿的干粮给他吃。那纤夫挣扎着想坐起身拜谢，被张仲景制止住了。张仲景又默默地从怀里取出一串铜钱塞在纤夫手中，然后才走向木船。

又有一次，他上山采药，正坐在山路上，就看见两个山民抬着一副用树枝扎成的担架，急急忙忙地走来。担架上躺着一个用破衣服盖着的人。张仲景见状上前问道："他怎么了？你们是要去找医生为他看病吗？"

"快让开！别挡路！你又不会治病，问这些做什么？"走在前头的那位山民不耐烦地喊道。

张仲景像

"我就是医生。"张仲景指了指自己背着的药囊说,"如若信得过,就让我看看病人,免得你们跑远路。"

两人这才将担架放在路边。张仲景揭开破衣服,看到的是一个十岁上下的小女孩儿。她骨瘦如柴,正发着烧,破衣上染满黄色的汗斑。张仲景摸了小女孩儿的脉,毫不迟疑地说:"这小妹妹受了寒湿,平时吃酸东西又太多。她一定常喊手脚疼痛,不能够随便屈伸四肢。她的两脚已经肿大,再不医治,全身都会发肿的。"

两个山民一听,连连点头。一位叹着气,指着山上不远处的小村子说:"那里就是我们的家。家里人多粮少,小妹吃不饱,就常常去摘野果吃,那些东西酸得掉牙啊!她睡的地铺阴冷潮湿,这两年常喊手脚

野果树

胀痛，这几天连走路都不行了。我们两兄弟打柴卖了点儿钱，这才抬她去看病。现在就请先生治治吧！"

"治这小妹的病只需要五六味药。"张仲景说，"你们这山上就可以找到几种，我药袋里又有一些。把病人抬回去吧，我们一起想法把药配齐。"

两个山民很快抬着病人回到家里，安置停当后，张仲景便和他们一道去山间挖药。半天后，他们采集到了急需的药材，又找到了一些野蜂蜜。张仲景熬好药，等那小女孩儿吃过药后，又嘱咐他们以后到集市买点儿白矾，化水给病人浸洗双足。

张仲景每次到山村行医，山民们都闻讯而来，纷纷找他看病。张

大地生灵

仲景见到贫困的百姓，不但不收一文诊费，连药物也无偿赠送。

　　张仲景精湛的医术、高尚的品格远近闻名，不论是南阳，还是京城，提起张仲景，可谓人人皆知。

　　汉代选拔官员采用的是察举制，"举孝廉"就是其中一种。举孝廉，是朝廷大官和地方高级官员经过考察，将他们认为能尽孝道、行为廉洁，又有学问的儒生举荐给朝廷，经审查批准后就是"孝廉"。成了孝廉的人就能在朝廷和地方上担任重要官职。在没有出现科举考试之前，"举孝廉"是知识分子实现经世济民理想的重要途径。因为举孝廉是做官的一大途径，那些有钱有势的人家就百般钻营，大肆行贿。负责选拔

旭日东升

工作的大官们也每每趁机受贿，徇私舞弊。如此一来，这种举荐就变成了假举荐，举荐出来的孝廉也就名不符实。正因为这样，各地老百姓对当时举荐孝廉之事总是冷眼观看，漠不关心。

但在南阳郡，却出现了完全不同的情景。这一年，自从举孝廉的消息传开后，人们纷纷上书，推举张仲景为孝廉。上书人中有读书的学子，有郡县官员，更有平民百姓。可见，张仲景在当地人民心中受爱戴的程度。南阳郡守顺应民意，向朝廷举荐张仲景为孝廉。

三个月后的一天，张仲景刚吃过早饭，正给患者诊病，一阵清脆急促的马蹄声传来，随着就见一位公差翻身下马，大步跨进院子，径

树林

直朝张仲景看病的厅堂走去，口里高声叫道："张机先生可在？恭喜！贺喜！"见到张仲景，公差立即拱手作礼，并从怀中取出一道公文，传达朝廷批准张仲景为孝廉的消息。患者们一听，顿时兴奋起来，争着上前向张仲景道喜。一位老人激动地说："你是名副其实的真孝廉！今天我们应该庆贺一番，改天再来看病吧。"老人说完，就要离去。张仲景赶紧拉住老人，诚恳地说："我被选为孝廉，已深觉有愧。如果让父老乡亲们没看成病就离开，那我就真正是不孝不廉了！"

张仲景送走了公差，接着尽心尽意为大家治病。又过了一个月，从京都洛阳传下一道诏令：任命张仲景为长沙太守。这可让张仲景犯难了。"你不宜做官！"何颙的话此时清晰地回响在耳边。想来想去，他终于做出决定：做一位良医可以救民疾苦，当一名清官也可以救民疾

坐堂医

苦，那就不妨试着当一当太守吧。

汉献帝初平元年（190年）的某一天，张仲景下了最后的决心，准备赴任长沙太守，这一年他四十岁。收拾好衣物，带上医书和药囊，张仲景和妻子告别。因为离别在即，妻子心境不佳，看到张仲景带着医书，不由哀怨地说："你是去做太守，又不是去行医，还带这些东西？"

张仲景走近妻子，恳切地说："做官是暂时的事，行医是一辈子的事。我可以失去官职，但我不能丢掉医术，你知道我的秉性，这个太守我是不会当太久的，所以我不带你和孩子们去长沙。你在家好好照顾两位老人和孩子们，估计一两年内我就会回来的。"

张仲景又和两位徒弟商量：他先带卫汛到长沙，杜度暂留在家中继续行医；如果两年后他还没回来，杜度就赶到长沙和卫汛轮换。

草豆蔻

莲子

张仲景趁天还未亮,就告别家人,和卫汛悄悄离开了南阳。二人晓行夜宿,先骑马走陆路,然后乘船来到洞庭湖。夜晚,张仲景刚睡着不久,就被邻船传来的痛苦呻吟声惊醒了,另有两人在不安地说着什么。他侧耳倾听了一会儿,便披衣起身,从小箱子里取出两颗药丸,叫醒卫汛,让他送与邻船病人及时服下。卫汛去后,便听一人说道:"这药丸是治什么病的?能随便吃吗?"

听见对方疑惑的话,张仲景提高嗓门说:"病人患的是长期饮酒过度引起的酒疸病。吃这药后,不久就要呕吐,吐后症状就会大为减轻。如果有什么差错,可随时找我。我是医生。"

邻船的人听了,不再犹豫,急忙找来凉开水让病人服下药丸。卫汛回到老师这边,睡下不久就听到对面船上发出了呕吐声。张仲景对卫汛说:"没事了,好好休息吧。"

张仲景之墓

第二天早上，邻船三人过来向张仲景表示谢意。那病人脸色还是黄黄的，但已不再感到难受了。

几天以后，张仲景来到长沙，正式就任太守。一天早上，他刚进长沙府正堂坐下，就听到外面有人吵闹，又听到门卫高喝"肃静"。不一会儿，衙役递上两份状子，引进两个打官司的人。

这两人是兄弟，父亲刚死不久，为争家产闹得不可开交，以致大打出手，族人调解不了，才来太守府上告。二人怒气冲冲地走进正堂，扑通跪下，争着控告对方。正当这两人激动得伸腰仰面、各讲理由时，忽见张太守起身离座，目光炯炯地走了过来，二人顿时吓得闭了嘴。

张仲景就近审视了两人后，回头坐下，高声说道："你们二人都患了一种病，而且病得很重，再不好好医治，定有性命之忧！"话一出口，公堂上的书办、衙役们惊了，惊的是太守不断案而说病；两位告状人惊了，惊的是这位太守竟然看出了他们是有病在身的人。见众人吃惊的样子，张仲景又发话道："你们二人一定常常发热、心烦、气喘、口渴、胸中胀满、小便不利。初发病时，你们又误吃了火攻发汗药，使病邪与火邪两热聚结一起，这病就更加重了。"

天麻

两人听太守说得这么准,都目瞪口呆,竟忘了告状的事,磕头求太守大人治病救命。

张仲景又接着说:"发怒生气,伤肝伤脾。你们本为骨肉兄弟,更应以和为贵,父亲尸骨未寒,坟土未干,你们就为一点儿家产吵闹不休,争斗不已。像这般德性,即使有良方灵药,也难救治好!"

兄弟二人听了这番言语,连连表示不再争吵,不再打官司,回去好好协商,只求府君给个药方。

张仲景笑了笑,将二人唤到面前,摸了摸脉,然后提起笔,开了两张处方,叫二人各自按方服药;如果他俩和好了,三五天后,就一起再来诊治。

　　这两兄弟安安静静地退下了，并同到一家药店抓药。掌柜听说是太守开的处方，忍不住仔细读了起来。抓药时，守在柜前的两兄弟才发现他们的药方、下药分量都不完全相同，便忍不住向掌柜请教。掌柜认真地解释道："你们两人虽患了同样的病，但各自的身体强弱、病症程度都有差异，因此府君开的处方不一样。这就叫同病异治，这才是治病高手的处方啊！"

　　张太守的规劝和药方使这两兄弟恢复了健康，也恢复了亲情。事情传开后，人们赞叹说：新太守断案合情合理，既治了人身上的病，

茯苓

还治了人心上的病。

　　三月的长沙,本应是春风袅袅、春雨潇潇,可这一年,春寒迟迟不去。三月十七日这天,张仲景派出几位衙役,邀请长沙城里一批医家来太守府聚会。众医家到来后,张仲景客气地请他们入座,然后恳切地说:"今日请诸位先生来,是有事相商。大家知道,春气温和,夏气暑热,秋气清凉,冬气凛冽,这是四时的正气。春时应暖而大寒,夏时应热而大凉,秋时应凉而大热,冬时应寒而大温,都是反常之气。此时正值阳春三月,还如此寒冷,冷后必有大热,冷冷热热,最容易发病。《内经》主张'治未病',望先生们在本地未发疫病之前,注意防病,疫病来了,当尽心为百姓治病。我们行医之人,要齐心协力,才能增进医艺,

春寒料峭

显扬医德。"众医家点头称是。

  果然如张仲景所料，这一年春末夏初，长沙城及附近的乡村疫病流行，老百姓纷纷病倒。张仲景早有准备，立即让卫汛带领几个衙役熬制大锅汤药，放在太守府前，供病情较轻的和未得病的人饮用。病重者，张仲景办理政务后，在公堂上亲自免费诊治。一些行医人家被张仲景的行为感动了，特别是那些和他聚过会的医家，也跟着发放大锅药汤，或降低药价，或免费诊病。

  不到半月，这场疫病被控制住了。百姓众口一词地颂扬张仲景，长沙的医家也牢牢记住了三月十七日和张仲景聚会的情景。但是，那些嫉恨张仲景的官员却联名上告他，说他在公堂上行医不合规矩。卫汛

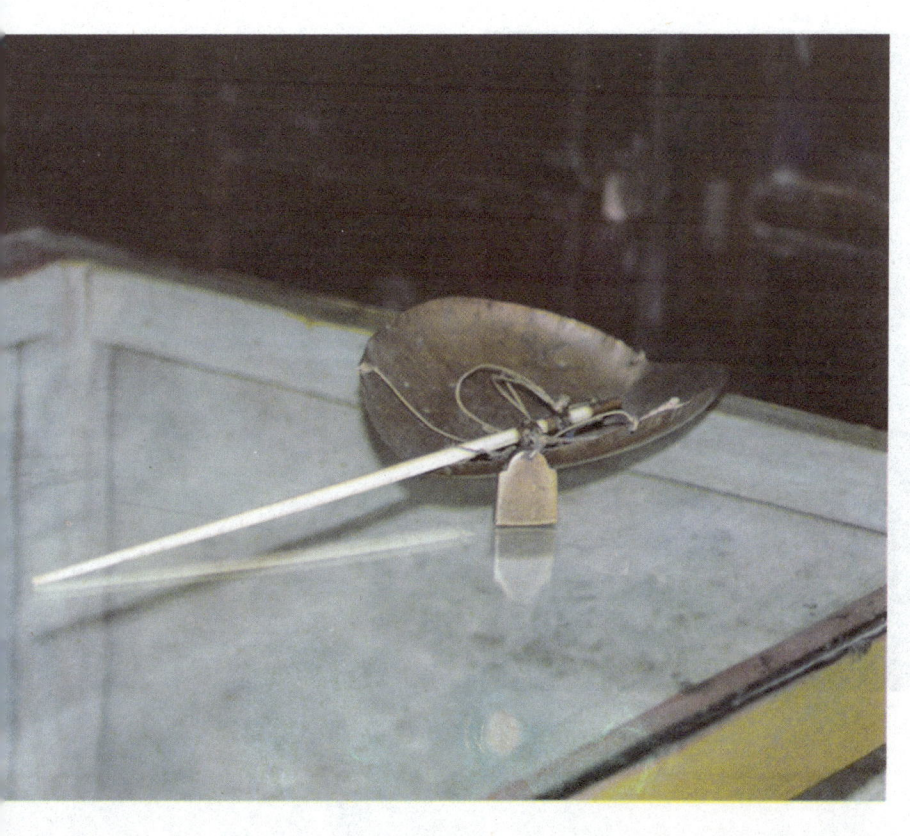

中药铺

担心地把这个消息告诉了老师,张仲景只是不经意地笑了笑:"当官就要为民,民安我心则安。纵然罢官,我也不悔,正好我们师徒三人可以聚集一起安安静静地研究医术。"张仲景坚持为百姓治病,但身为太守,须避嫌,他不便出入民家治病,于是规定:每逢初一、十五,处理完公事后,就在府衙免费为百姓治病。后人为了纪念这一创举,就统称坐在药铺行医的人为"坐堂医"。这些医生把自己开设的药店取名为"XX堂药店",这就是中医药店称"堂"的来历。

在张仲景任长沙太守的一年冬天,寒风刺骨,雪花纷飞。很多无家可归的人,衣不遮体,饥寒交迫,耳朵都冻烂了。张仲景看到后心里十分难受:"我一定要想办法帮助他们。"经过不断地研究试验,他配制了一个可以御寒的食疗方子,叫"祛寒娇耳汤",就是把羊肉和

药匣子

五味子

枫叶

一些祛寒的药物放在锅里煮,熟了以后捞出来,切碎做成馅料,把馅料放入面皮中,包成耳朵的样子,再下锅,用原汤将包好馅料的面皮煮熟。面皮包好后,样子像耳朵,又因为功效是为了防止耳朵冻烂,所以张仲景给它取名叫"娇耳汤"。

张仲景叫徒弟在衙门前的空地上搭个棚子,支上大锅,为穷人舍药治病,舍的药就是"祛寒娇耳汤":每个穷人一碗汤,两个"娇耳"。人们喝了汤后,浑身发暖,两耳生热,再也没人把耳朵冻伤了。

张仲景舍汤的那天正逢冬至。据说,人们在冬至这天吃饺子的风俗就源自"祛寒娇耳汤",也是为了感谢和纪念张仲景。

知识加油站

北京"同仁堂"的来历

北京同仁堂始创于康熙八年(1669年)。据说,它的诞生与康熙帝有着密切的关系。相传有一年康熙帝得了怪病,身上长满红疹子,奇痒不止,宫中的御医束手无策。后来,用了一个名不见经传的小药铺的药居然好了。康熙帝为了感谢这个小药铺,就出资将其扩建成了一个大药铺,药铺开业之时,还亲自前来祝贺。这个药铺就是同仁堂。同仁堂自1723年开始供奉御药,历经八代皇帝188年,如今已有近300年的历史,是中国最负盛名的中药店老字号。

冬至日

溪水

第七章

晚年著书立说　撰写《伤寒杂病论》

晚年的张仲景医术已达到炉火纯青的程度。他一边治病救人，一边潜心著书立说。他结合自己多年临床实践所写的《伤寒杂病论》，成为中国医学史上影响最大的古代医籍之一，被誉为"方书之祖"。

张仲景任长沙太守期间，北方战火连绵。董卓挟持汉献帝迁都长安，下令将雒阳二百里内所有房屋烧毁，还强迫雒阳百姓随行，沿路死人无数。各地豪强实行军事割据，相互征伐，战争不断。整个社会民不聊生，老百姓死的死，伤的伤，瘟疫也趁势猖獗起来。

身在南方的张仲景每天都在苦盼家书。有一天他哥哥来信，说南阳遭遇战乱，家中生活困苦，父母病重，叮嘱张仲景赶快归家。

张仲景心急如焚，迫不及待地想回到家乡，去照顾年迈的父母，尽一份孝心。于是，张仲景毅然向汉献帝上表请辞，准备起程回到故乡。

张仲景要辞官回乡的消息传出后,长沙城都轰动了。百姓们纷纷挽留张仲景,但张仲景去意已决。

起程的那天,下着蒙蒙细雨。当张仲景和卫汛跨出长沙府门口时,都惊了:只见门前恭立着府中的大小官员和役卒,后面是数不清的老百姓,许多人手中还端着竹筐、提着酒壶,静静地等在路的两旁。

看见张仲景出来,人们恋恋不舍地望着他,纷纷带着哭声喊:"张公,留下吧!留下吧!别走!"张仲景热泪盈眶,向人们拱手致谢:"仲景今生忘不了你们的情意!"说完,强忍泪水,举步走向湘江渡口。

长沙人民永远铭记张仲景。后来,他们建立了"张公祠",以此来纪念这位可敬的太守。每年三月十七日,长沙城的医药界都在"张

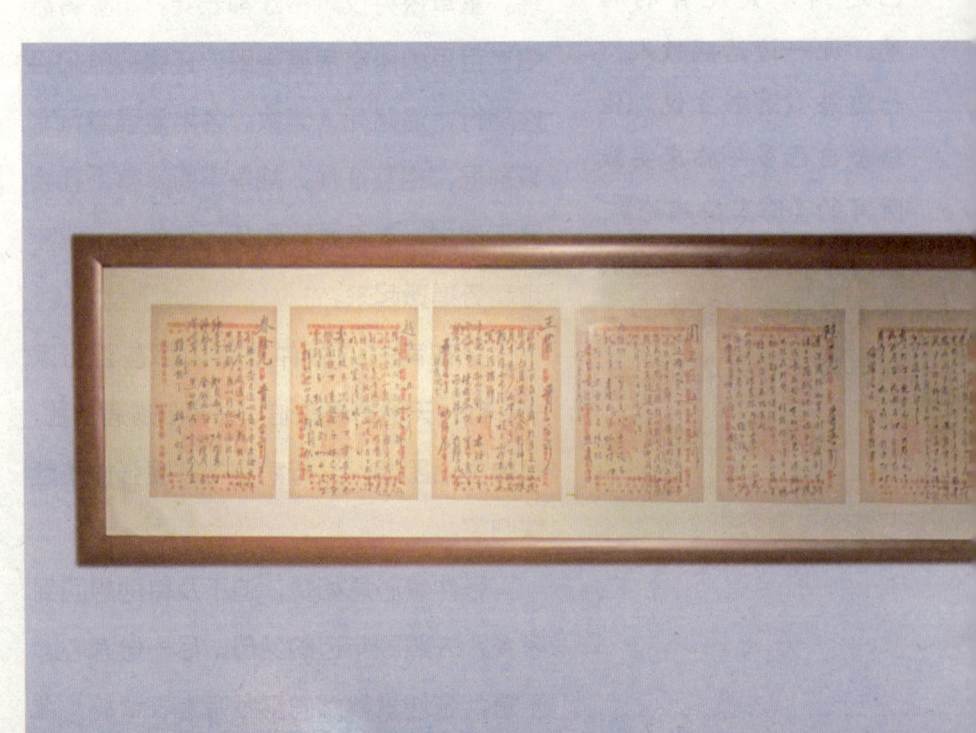

公祠"内聚会,并举行纪念张仲景的"中医节"。长沙、湘潭等地的老百姓在过大年后的正月十八日,纷纷集会,或举酒,或吟诗唱和,以表达对张仲景的深切怀念。

193年,一位矮小瘦弱、不到二十岁的青年,在仆人的陪伴下,骑着马,慌忙南奔。这位青年叫王粲,是东汉末年著名诗人,与曹植并称"曹王"。为了躲避战乱,他决定南下荆州,投奔刘表。

当王粲风尘仆仆来到襄阳后,号称爱才重贤的刘表并没重用他。一天下午,王粲心中抑郁不乐,来到汉水边一家酒楼饮酒消愁,想起一路的所见所闻,再加上自己的遭遇,他写出了那首著名的《七哀诗》。正巧,辞官北归的张仲景也在这家餐馆吃饭。两人相见,也算是他乡遇故知了。

中医药方

树林

张仲景在和王粲谈话时，仔细观察了他的面容气色，心中不觉一惊，严肃地说："有几句话想对先生直言，请不要见怪。你现在已是有病在身了，应及早治疗，宜服用五石汤。不然的话，四十岁左右，你的眉毛就会脱落，那时候不仅不容易医治，还会有生命危险。"

王粲听了，暗想："我现在不到二十岁，你却预言我四十岁的病症，太玄了吧？"于是，他不在意地说："二十多年后的事，现在难以管它。""《素问》说：'治病最好在病未成时，治乱最好在乱未生时。'如病已重而后服药，乱已深而后治理，就像口渴了才挖井，战争打起来了才铸造兵器一样，那不就晚了吗？治病一定要以预防为主啊！"张仲景耐心地劝说王粲，分别时再次嘱咐王粲服用五石汤。

过了几天，张仲景再次见到王粲，问他吃药没有，王粲信口回答吃过了。

"看你的气色，不像服过药的样子，"张仲景摇着头，严肃地说，"你这样的聪明人，为什么如此讳疾忌医，轻视自己的生命呢？"

王粲脸一红，口里却辩解道："生死有命，我何必多虑。"

望着王粲离去的背影，张仲景低声叹息："可惜呀，一个才华横溢的人才！"

二十年后，正值不惑之年的王粲深受曹操

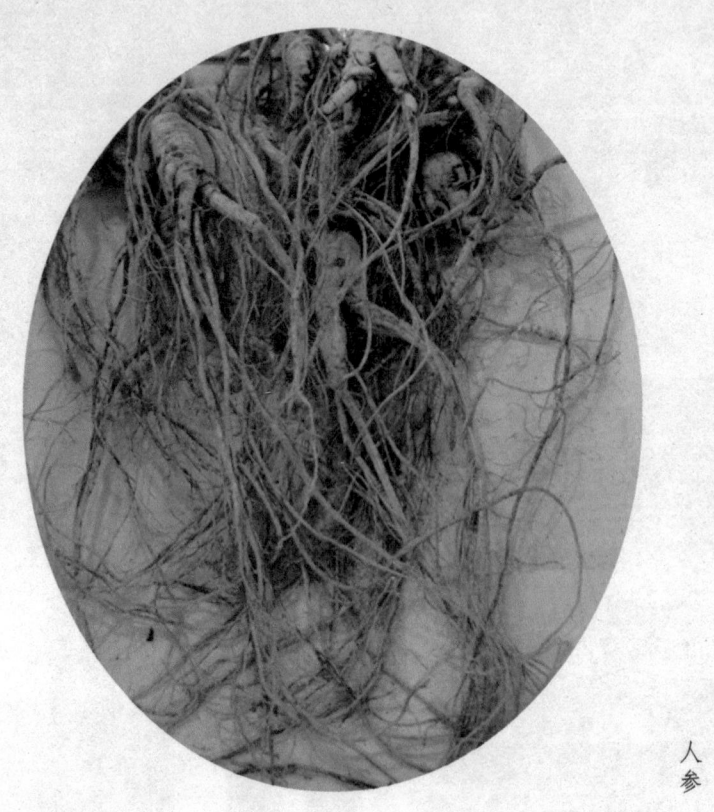

人参

器重,被赐封为关内侯。但他感到身体一天比一天差,皮肤上生出一块块红斑。一天清晨,他起床梳洗时,突然有一种异样的感觉,抬手往眉毛上一摸,他的手颤抖了:只见手心上沾着几根枯黄的眉毛。他的心也随之颤抖了!此时他好后悔,后悔没有听张仲景的劝告。几个月后,王粲的眉毛掉光了。建安二十三年(218年)正月二十四日,在随曹操南征的途中,这位天才诗人永远闭上了双眼,逝世时,他还不到四十一岁。

张仲景和卫汛一路北行,终于回到自己的家乡。南阳城内一片狼藉,到处可见的是卧倒街边的流民和伸手讨食的乞丐。南阳百姓得知他辞官归家的消息,都争着前来请他看病。

张仲景对两位弟子说道:"大战大乱之后必有大疫。我辞官归乡,重操医业,就是要为救助父老乡亲出力。治病如救水火之灾,我们赶快多积药物,早做准备!"

但是,张仲景师徒都没料到,这场大疫如此凶猛:所到之处,家家有号哭之声,户户有死亡之痛。

"这是伤寒症!"张仲景诊断过一批病人后说。

"怎么办,老师?这么多人病倒,我们纵有百双手也忙不过来呀!"卫汛着急地问。

"用我们在长沙用过的办法,熬大锅汤药给大家喝。明天我们就一起上山采药。"张仲景回答。

"熬大锅汤药的仅我们一家,要服药的人却成千上万,这如同杯水车薪,难以奏效啊!"杜度担心地说。

药碾

"我们将药方公布于众，让能找到药材的人都可以自己熬药喝。"张仲景毅然决定。

靠张仲景公布的药方，靠张仲景师徒熬制的大锅汤药，许许多多的病人躲过了这场浩劫，但也有许许多多的病人喝了药汤仍无转机。张仲景忧心忡忡地对杜度、卫汛说："《吕氏春秋》一书早就说过：'病万变，药亦万变。'病变而药不变，无异于刻舟求剑，又怎能治好各种病人呢？'伤寒病'千变万化，仅仅靠大锅汤药是不够的！"

从此，张仲景便带领两位徒弟废寝忘食地探求治疗各种病变的新方法、新方剂。

一天，张仲景师徒来到一个村子里，见一个巫师手舞桃木剑，口中念念有词，向跪在四周的人们分发"神水"。看到这种情况，张仲景既愤恨那巫师的所作所为，又担心受骗群众的安危。他忧虑地对两位弟子说："我朝王充早在一百多年前就写了《论衡》，书中否定了鬼神的存在，否定了占卜等巫术。但上自朝廷，下至民间，人们仍旧信神信鬼，而且疾病越流行，信神鬼的人就越多，巫师就越嚣张。我们得暂时留在这里，为那些被耽误的人治病。"

就这样，听说哪里疫病流行最厉害，张仲景师徒就赶往哪里治病。他们既要救治那些被巫师欺骗的百姓，又要弥补庸医们留下的问题。

《论衡》

《金匮要略》

在十年行医中，张仲景总结出一系列诊病治病的理论和方法。他吸取古人的阴阳学说，将伤寒病划分为六大类（太阳病、阳明病、少阳病、太阴病、少阴病、厥阴病），对病人仔细地望、闻、问、切，并联系发病的季节、地域，分辨出症候的表里、虚实、寒热，做出准确的诊断，然后对症下药。他后来将这些经验写进书中，经后人吸取、发展，就形成了中医诊病、治病的根本原则和主要方法。

后来，张仲景夫妇在少室山中选准了一间石室隐居下来。从此，张仲景避开尘世的干扰，开始了潜心著书的生活。

张仲景隐居后不久，汉献帝派使臣寻到少室山，任命他为侍中，要他进京治病。张仲景面对使臣，坚决地说："请代为禀报陛下，仲景

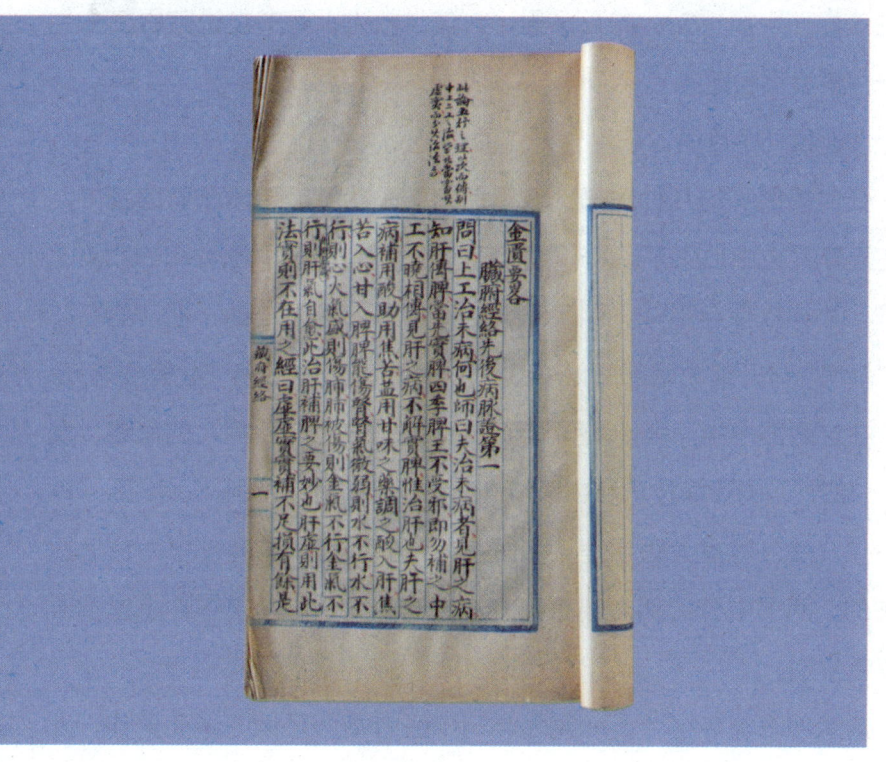

《金匮要略》内文

已立过大誓,此生只专心著书,不再出山。恳请陛下另寻其他医师。"

月复一月,年复一年,张仲景夜以继日地埋头写作。他在总结前人医学成果的基础上,依据自己记录的大量医籍,凭着自己行医的丰富经验,接连写成了《黄素药方》二十五卷、《伤寒》十卷、《疗伤寒验方》一卷、《评病要方》一卷、《疗妇人方》二卷。

几年后,一部千古不朽的经典著作《伤寒杂病论》写成了。这部书是张仲景一生行医的经验总结,也是中国汉代末年以前医药学的集大成之作。它的问世为中医的地位树立了巍巍丰碑,为中医的发展开拓了宽广的道路。

东汉建安二十四年(219年)隆冬,少室山寒风凛冽,大雪纷飞,就在这样一个风雪交加的日子里,为济世救人、著书立说劳累了一生的张仲景溘然长逝。

他逝世几个月后,东汉也灭亡了。

张仲景撰写的几种医书,包括他的弟子杜度、卫汛所著的医书,都在连年兵火中散失了。《伤寒杂病论》后经晋朝名医王叔和的收集、整理,才得以保存下来。到了宋代,又经林亿等人校勘,把"伤寒"和"杂病"分开编成两部书,一部名《伤寒论》,一部名《金匮要略》。

在这两部书中,张仲景强调了"治未病"(预防疾病)的策略,发展了"四诊"的诊病技巧和中医"辨证论治"的医疗原则。"六经""八纲""八法"等重大医学理论和医疗方法,都是以这两部书为依据提出来的。两书中分门别类载有药方三百七十五个,其中有许多是创新的复合方剂。

这两部书流传至今,一直为学习中医者奉为必读的经典著作。人

《伤寒杂病论》

们称张仲景为方书之祖,把他传下的药方称为"经方"。直到现在,中医许多常用方剂都是由他的药方加减变化而来的。他确立了我国医学"辨证论治"的原则,奠定了中医治疗学的基础。《伤寒杂病论》是我国最早的一部理法方药俱备的经典著作,开创了我国医学辨证论治的先河。

张仲景是我国历史上最伟大的医学家之一。他以精湛的医术、经典的著作、崇高的医德,赢得了医学上至高至美的称号——医圣,永远被世人铭记。

知识加油站

六经辨证与八纲辨证

张仲景将外感疾病演变过程中的各种证候群进行综合分析,归纳其病变部位,寒热趋向,邪正盛衰,从而区分为太阳、阳明、少阳、太阴、厥阴、少阴六经病。八纲辨证是根据四诊取得的材料进行综合分析,探求疾病的性质、病变部位、病势的轻重、机体反应的强弱、正邪双方力量的对比情况,从而归纳为阴、阳、表、里、寒、热、虚、实八类证候,是中医辨证的基本方法和总纲。一千多年以来,这两种方法及原则有效地指导着中医学的辨证施治。

医圣张仲景墓碑